Ord. ?acc. n° 299.

n° 11 49

DECLARATION DU ROY.

POUR L'EXPOSITION DES nouvelles Monnoyes de deux & quatre fols, dont les figures font cy empreintes.

Regiftrée en la Cour des Monnoyes le 12 Septembre 1674.

A PARIS,

Par SEBASTIEN MABRE-CRAMOISY, feul Imprimeur du Roy pour le fait des Monnoyes.

M. DC. LXXIV.

De l'exprés commandement de Sa Majefté.

DECLARATION DU ROY

POUR L'EXPOSITION DES nouvelles Monnoyes de deux & quatre sols, dont les figures sont cy empreintes.

Regiſtrée en la Cour des Monnoyes le 12. Septembre 1674.

A PARIS,

Par SEBASTIEN MABRE-CRAMOISY, seul Imprimeur du Roy pour le fait des Monnoyes.

M. DC. LXXIV.

De l'exprés commandement de Sa Majeſté.

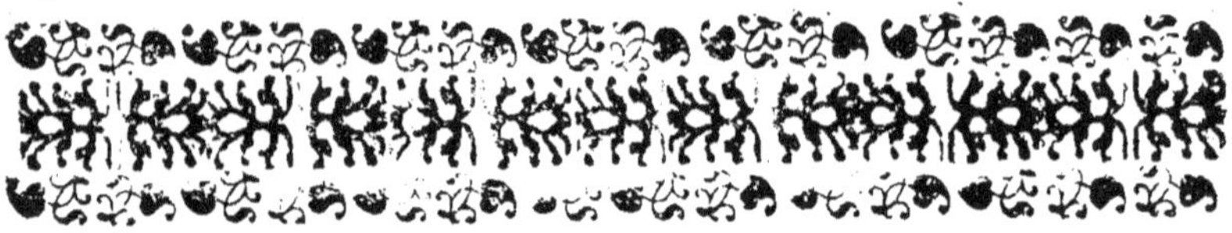

DECLARATION DU ROY:

POUR L'EXPOSITION DES nouvelles Monnoyes de deux & quatre sols, dont les figures sont cy empreintes.

LOUIS PAR LA GRACE DE DIEU ROY DE FRANCE ET DE NAVARRE: A tous ceux qui ces presentes Lettres verront, SALUT. Nous avons esté informé de temps en temps de la disette des menuës Monnoyes en plusieurs Provinces de nostre Royaume, notamment en celles de Languedoc, Guyenne, Provence, &

tes Efpeces foient prefque abfolu-
ment neceffaires pour la commodité
publique, & la facilité du Commerce,
& particuliérement pour celuy des
Denrées & Marchandifes neceffaires
à l'vfage de la vie, qui fe vendent &
confomment chacun jour ; Nous
n'avons pas néanmoins eftimé à
propos de faire fabriquer des Sols,
ny d'autres Efpeces de bas alloy,
à caufe de la perte qui s'y trouve,
& qui fe répand fur les plus pau-
vres de noftre peuple. Cependant
la neceffité de pourvoir au befoin
que nos Sujets de plufieurs Provinces ont de menuës Monnoyes,
Nous ayant obligé de rechercher les
moyens de le faire vtilement pour
eux, Nous avons écouté volon-
tiers la propofition qui Nous a efté
faite de fabriquer des Efpeces de

de dix deniers de fin; laquelle Nous avons trouvé d'autant plus raifonnable, que le titre eftant à peu prés égal à celuy de nos Efpeces d'argent, il eft certain que nos Sujets n'en fouffriront aucune perte confidérable. D'ailleurs, les avantages que Nous pourrons tirer de fon exécution, pour fouftenir les dépenfes de la guerre, & faire travailler nos Monnoyes, Nous convient à permettre la fabrication de ces Efpeces, & leur donner cours dans noftre Royaume. A CES CAUSES, de l'avis de noftre Confeil, & de noftre certaine fcience, pleine puiffance, & autorité Royale, Nous avons par ces Prefentes fignées de noftre main dit, ftatué, & ordonné, difons, ftatuons, & ordonnons, voulons, & nous plaift, que pendant trois années entiéres &

conſécutives il ſoit fabriqué dans nos Villes de Paris & Lyon des Eſpeces d'argent à nos Coins & Armes, dont les Empreintes ſont repreſentées & attachées ſous le Contreſcel de noſtre Chancelerie, qui vaudront deux, trois, & quatre ſols, au titre de dix deniers de fin par Marc, trois grains de reméde à la taille ; Sçavoir, celles de deux ſols, de trois cens Piéces au Marc ; celles de trois ſols, deux cens Piéces au Marc ; & celles de quatre ſols, de cent cinquante Piéces auſſi au Marc ; au reméde de trois Piéces par Marc, pour celles de deux ſols, & pour les autres à proportion, le fort portant le foibles, le plus également que faire ſe pourra, & non de recours du Marc à la Piéce, & de la Piéce au Marc. Pour laquelle fabrication Nous permettons de faire travailler le peuple de fept Balanciers feulement, ou tel autre inftrument & machine propre pour la beauté & facilité du Monnoyage defdites Piéces, depuis les fix heures du matin jufques à fept heures du foir, depuis le premier Octobre jufques au premier Avril; & depuis quatre heures du matin jufques à huit heures du foir, depuis le premier Avril jufques au premier Octobre, pendant lefdites trois années, à commencer du jour de la premiére delivrance. VOULONS & entendons que lefdites Efpeces ayent cours dans noftre Royaume, Terres & Seigneuries de noftre obéïffance, & qu'elles foient receûës par les Receveurs de nos deniers, Marchands, Banquiers, & tous autres, tant en payemens, Lettres de Change, qu'autrement. Faifons défenfes à toutes

perſonnes , de quelque qualité &
condition qu'elles ſoient, de les re-
fuſer , ny empeſcher l'expoſition
deſdites Eſpeces , & à tous nos Sujets d'en recevoir, ny expoſer aucunes de deux, trois, & quatre ſols,
qui ont eſté, ou pourront eſtre fabriquées dans les Païs & Princi-
pautez Etrangéres, tant limitrophes,
qu'enclavées dans noſtre Royaume, à peine d'eſtre punis ſuivant
la rigueur de nos Ordonnances. S I
DONNONS en mandement à nos
amez & féaux les Gens tenans noſtre Cour des Monnoyes à Paris,
que ces Preſentes ils ayent à faire
lire, publier, & regiſtrer, & le con-
tenu en icelles garder & obſerver de
point en point ſelon leur forme & teneur, ſans permettre qu'il y ſoit con-
trevenu, ceſſant, & faiſant ceſſer tous
troubles & empeſchemens qui pour-
roient

roient eftre donnez , nonobftant tous Edits, Ordonnances, Déclarations, Arrefts, Réglemens, & chofes à ce contraires, aufquelles Nous avons dérogé & dérogeons par ces Prefentes: CAR tel eft noftre plaifir. En témoin de quoy Nous avons fait mettre noftre Scel à cefdites Prefentes. DONNE' à Verfailles le huitiéme jour d'Avril, l'an de grace mil fix cens foixante-quatorze, & de noftre Regne le trente-deuxiéme. Signé, LOUIS. Et fur le reply, Par le Roy, COLBERT. Et fcellé du grand Sceau de cire jaune fur double queuë.

Piéce de quatre sols.

Piéce de deux sols.

ARREST

DE LA COUR DES MONNOYES,

Pour l'Enregiſtrement de la Déclaration cy-deſſus.

VEU par la Cour, les Semeſtres aſſemblez, les Lettres Patententes du Roy données à Verſailles le 8. Avril dernier, ſignées ſur le reply, Par le Roy, COLBERT, &

scellées du grand Sceau de cire jaune sur double queuë, par lesquelles, & pour les causes y contenuës, Sa Majesté ordonne, que pendant trois années entiéres & consecutives il sera fabriqué en cette Ville de Paris, & en celle de Lyon, des Especes d'Argent, aux Coins & Armes de Sadite Majesté, dont les Empreintes sont representées & attachées sous le Contrescel desdites Lettres, qui vaudront deux, trois, & quatre sols, au titre de dix deniers de fin par Marc, trois grains de reméde à la taille : Sçavoir, celles de deux sols, de trois cens Piéces au Marc; celles de trois sols, deux cens Piéces au Marc; & celles de quatre sols, de cent cinquante Piéces aussi au Marc; au reméde de trois Piéces par Marc, pour celles de deux sols, & pour les autres, à proportion, le fort por-

tant le foible le plus également que
faire se pourra; & non de recours
du Marc à la Piéce, & de la Piéce
au Marc. Pour laquelle fabrication
Sadite Majesté permet de faire travailler le nombre de sept Balanciers
seulement, ou tel autre instrument
& machine propre pour la beauté
& facilité du Monnoyage desdites
Piéces, depuis les six heures du matin jusques à sept heures du soir,
depuis le premier Octobre jusques
au premier Avril ; & depuis quatre
heures du matin jusques à huit heures du soir, depuis le premier Avril
jusques au premier Octobre, pendant lesdites trois années, à commencer du jour de la premiére delivrance. VEUT & entend Sadite
Majesté que lesdites Especes ayent
cours dans le Royaume, Terres & Seigneuries de son obéïssance, & qu'el-

les foient receûës par les Receveurs de fes deniers, Marchands, Banquiers, & tous autres, tant en paye-mens, Lettres de Change, qu'autre-ment; avec défenfes à toutes per-fonnes, de quelque qualité & con-dition qu'elles foient, de les refufer, ny empefcher l'expofition defdites Piéces ; & à tous les Sujets de Sa Majefté, d'en recevoir, ny expofer aucunes de deux, trois, & quatre fols, qui ont efté, ou pourront eftre fabriquées dans les Païs & Princi-pautez Etrangéres, tant limitro-phes, qu'enclavées dans le Royaume, à peine d'eftre punis fuivant la ri-gueur des Ordonnances; lefdites Let-tres à ladite Cour adreffantes fous le Contrefcel defquelles font lefdi-tes Empreintes; Conclufions du Pro-cureur Général du Roy.Ouï le Rap-port du Confeiller à ce commis;

tout confideré : LA COUR a ordonné & ordonne que lefdites Lettres Patentes feront regiftrées és Regiftres du Greffe d'icelle , pour eftre exécutées felon leur forme & teneur, publiées, & affichées tant en cette Ville de Paris , qu'en celle de Lyon, & autres du Royaume, Païs & Terres de l'obéïffance de Sa Majefté ; & qu'à cét effet Copies collationnées d'icelles feront envoyées aux Officiers des Monnoyes, & autres Juges qu'il appartiendra , à la diligence du Procureur Général. Enjoint aux Subftituts dudit Procureur Général de tenir la main à l'exécution, & d'en certifier la Cour au mois. FAIT en la Cour des Monnoyes, les Semeftres affemblez, le douziéme jour de Septembre mil fix cens foixante-quatorze. Signé, HERARDIN.

ARREST

DU CONSEIL D'ESTAT:

Qui révoque la fabrication des Piéces de trois sols.

LE ROY ayant par sa Déclaration du 1. Septembre dernier, régistrée en la Cour des Monnoyes, ordonné la fabrication de nouvelles Monnoyes de deux, trois, & quatre sols : Et Sa Majesté ayant depuis reconnu que le peu de difference qu'il y auroit de celles de trois à celles de deux & de quatre, pourroit causer dans leur débit & exposition, des difficultez & contestations entre ses Sujets, Elle a estimé à propos de révoquer la fabrication desdites Piéces de trois sols, & de réduire le nombre des

Balanciers porté par ladite Déclaration à celuy de cinq. A quoy
eſtant neceſſaire de pourvoir : Ouï
le rapport du ſieur Colbert, Con-
ſeiller ordinaire au Conſeil Royal,
Contrôlleur Général des Finances :
SA MAJESTE' EN SON CON-
SEIL a révoqué & révoque la fabrication des Piéces de trois ſols
portée par ladite Déclaration du
premier Septembre dernier. Ordonne qu'il ſera ſeulement fabriqué des
Piéces de deux & quatre ſols, aux titre, poids & reméde portez par
icelle, & ſur cinq Balanciers ſeulement, au lieu de ſept portez par ladite Déclaration. Enjoint Sa Majeſté aux Officiers de la Cour des
Monnoyes de tenir la main à l'e-
xécution du preſent Arreſt. FAIT
au Conſeil d'Eſtat du Roy, tenu à
Verſailles le deuxiéme jour d'Octobre

bre mil six cens soixante-quatorze.
Signé, BECHAMEIL.

LOUIS PAR LA GRACE DE DIEU ROY DE FRANCE ET DE NAVARRE : A nos amez & féaux Conseillers, les Gens tenans nostre Cour des Monnoyes, SALUT. Nous vous mandons & ordonnons de tenir la main à l'exécution de l'Arrest, dont l'extrait est cy-attaché sous le Contrescel de nostre Chancelerie, ce jour-d'huy donné en nostre Conseil d'Estat, par lequel nous avons révoqué la fabrication des Piéces de trois sols, portée par nostre Déclaration du premier Septembre dernier, & ordonné qu'il sera seulement fabriqué des Piéces de deux & quatre sols aux titre, poids & reméde portez par icelle, & sur cinq

Balanciers feulement, au lieu de fept
portez par ladite Déclaration. Com-
mandons au premier noftre Huiffier
ou Sergent fur ce requis, de faire
pour l'entiére exécution dudit Arreft, tous actes & exploits neceffaires, fans autre permiffion. Et fera
ajoufté foy, comme aux Originaux,
aux copies dudit Arreft & des Prefentes collationnées par l'vn de nos
amez & féaux Confeillers & Secre-
taires : CAR tel eft noftre plaifir.
DONNE' à Verfailles le deuxiéme
jour d'Octobre, l'an de grace mil fix
cens foixante-quatorze, & de noftre
Regne le trente-deuxiéme. Signé, Par
le Roy en fon Confeil, BECHAMEIL.
Et fcellé du grand Sceau de cire
jaune fur fimple queuë.

Collationné aux Originaux par Nous Confeiller,
Secretaire du Roy, Maifon, Couronne de France,
& de fes Finances.

Extrait du Privilege du Roy.

PAR Lettres Patentes du Roy, données à Paris le 2. May 1655. signées, MABOUL, & scellées du grand Sceau de cire jaune, il est permis au seul SEBASTIEN MABRE-CRAMOISY d'imprimer les *Edits, Ordonnances, Réglemens, Arrests*, & toutes autres choses concernant le fait des Monnoyes. Et défenses sont faites à toutes autres personnes, de quelque qualité & condition qu'elles soient, d'imprimer, ou faire imprimer aucunes choses concernant le fait des Monnoyes, sous les peines portées par lesdites Lettres.

Regiftré fur le Livre de la Communauté des Imprimeurs & Libraires de Paris le 13. Avril 1674. Signé, THIERRY, Scindic.